AF335768

J.-C.-ALFRED PROST

ANNIVERSAIRE

DE LA

MORT D'UNE MÈRE

ÉDITEURS :

VERNIER-ARCELIN   H. OUDIN

14, RUE DES ARÈNES   51, RUE BONAPARTE

DOLE   PARIS

1883

ANNIVERSAIRE

DE LA

MORT D'UNE MÈRE

J.-C.-ALFRED PROST

ANNIVERSAIRE

DE LA

MORT D'UNE MÈRE

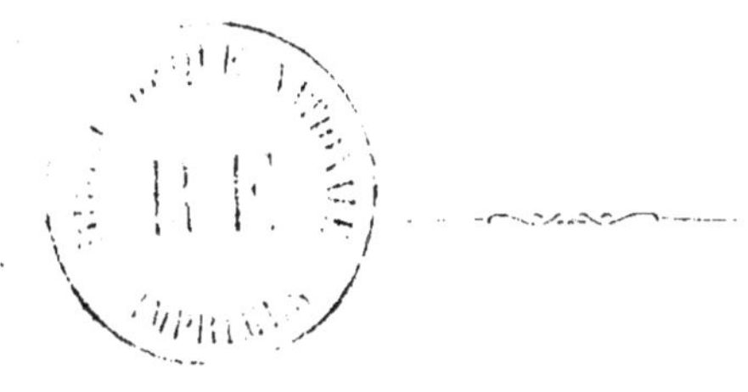

ÉDITEURS :

VERNIER-ARCELIN   H. OUDIN
14, RUE DES ARÈNES   51, RUE BONAPARTE
DOLE   PARIS

1883

AVANT-PROPOS

———

*Ces quelques pages n'étaient point écrites
pour la publicité. Jetées au bout de la
plume dans un de ces moments où, tandis
que le chagrin accable, que la vie pèse et
que l'ennui tue, le cœur se reporte vers le
trésor des tendresses passées, comme pour
y retrouver un peu du bonheur perdu, elles
restèrent enfermées dans ma bibliothèque
jusqu'au 1ᵉʳ novembre dernier. Lues à cette
époque devant un petit groupe d'amis qui,
tous, pleuraient des êtres bien chers,
elles obtinrent quelque succès, et l'émi-
nent chroniqueur de* La Semaine de Paris,
Mᵐᵉ la marquise de Verneuil, en fit même un

compte rendu très-élogieux dans le numéro du 12 novembre.

A la suite de cet article, j'ai reçu de mes amis de France et de l'étranger nombre de lettres me demandant de les faire imprimer. Je défère à des désirs qui m'ont été trop gracieusement exprimés pour que je puisse ne pas y accéder, et je les livre au lecteur. Puisse-t-il les accueillir favorablement!

J.-C.-A. P.

10 janvier 1883.

ANNIVERSAIRE

DE LA MORT D'UNE MÈRE

Paris, 2 novembre 1879.

I

Il y a sept ans aujourd'hui que je n'ai plus de mère ! En 1872, à pareille date, je sanglotai toute la nuit ; aujourd'hui, j'écrirai jusqu'au matin ces terribles souvenirs. Puissent-ils, à ce triste anniversaire, être comme une prière pour l'âme de celle que je pleure depuis si longtemps et que je pleurerai jusqu'à mon dernier soupir !

La dépêche m'annonçant la mort de ma mère fut pour moi comme un coup de foudre. Je fondis en larmes, appelant, sans cesse, des noms les plus doux, celle qui m'avait tant aimé et que je ne devais plus revoir !

Mon malheur se montra à moi immédiatement dans toute son horreur ; je sentis, à l'instant même, ce vide affreux que rien au monde ne comblera, cette irréparable perte qui ne peut jamais se remplacer : une mère. Moi qui, tout jeune enfant, pleurais à la seule pensée qu'un jour je serais forcé de me séparer d'elle, qui avais toujours désiré, comme la plus grande des faveurs, de mourir avant elle, qui aurais donné la dernière goutte de mon sang et tous les instants de ma vie pour prolonger la sienne d'une seconde, je n'avais pu avoir ni son dernier mot, ni son dernier baiser, ni même lui fermer les yeux. Je m'imaginais combien elle avait dû souffrir, si, se voyant mourir, elle nous avait cherchés, mon frère et moi, sans pouvoir nous dire un dernier adieu ! Cela augmentait encore ma douleur.

Mes yeux devinrent aussitôt semblables à deux fontaines ; mes pleurs sont
taries : mon regret est éternel.

Je courais comme un fou dans ce petit
appartement, où je l'avais vue si heureuse pendant trois ans, où je l'avais été
moi-même comme je ne le serai jamais.
Je me précipitais sur son lit, j'embrassais
ses effets, tout ce qui lui avait appar-
tenu, tout ce qu'elle avait touché, cher-
chant en vain à y retrouver un peu d'elle-
même.

II

Les grandes souffrances, de même que
les grandes joies sont expansives et de-
mandent à être partagées. Je ne sais si
l'on avait entendu mes pleurs et mes
cris ; mais, soit que l'on respectât ma
douleur, soit qu'on la jugeât inconsolable,
personne ne s'était approché de moi.
J'étais seul, bien seul, pour toujours !
Ce vide affreux que chaque minute
augmentait me donnait le vertige. J'avais

besoin de dire à un être humain quel-
conque que je n'avais plus de mère, que,
désormais, toute caresse, toute tendresse,
toute bonté, toute vraie amitié, tout sin-
cère dévouement, tout véritable désinté-
ressement devaient m'être pour toujours
inconnus et étaient finis pour moi.

J'avais pourtant d'excellents voisins,
entr'autres : la famille X..., celle du
baron Z..., qui, connaissant le dévouement avec lequel j'avais défendu leurs
intérêts lors de l'invasion, s'étaient mon-
trés pleins de bienveillance, de prévenances, d'attentions pour nous durant la
maladie de ma mère, pendant la mienne
et en maintes circonstances.

Je me dirigeai machinalement vers un
petit pavillon où étaient couchées Mes-
dames X... et parvins, je ne sais comment, à me faire entendre d'elles. Eveil-
lées dans un premier sommeil (il était bien
minuit), effrayées comme peuvent l'être
des dames seules qui s'entendent appeler
à pareille heure, elles se levèrent immédiatement me demandant d'une voix

anxieuse : « Qu'est-ce qu'il y a donc ?
— Ma mère est morte, » répondis-je en
m'affaissant dans une allée du jardin.

Ces dames coururent à moi, me firent
entrer dans un petit salon où brûlait
encore un reste de feu de la veille. Elles
comprenaient ce que j'endurais mieux que
personne, ces bonnes et dignes femmes,
qui, le soir, au récit que je leur avais fait
du relèvement du corps de leur époux
et de leur père dont j'avais dû être témoin
deux jours auparavant, avaient pour
ainsi dire assisté une deuxième fois à sa
mort et à ses funérailles.

Elles pleurèrent avec moi pendant si
longtemps que je ne m'apercevais ni de
mon importunité ni de la fatigue que je
leur causais. Pourtant, un moment de
lucidité me revint : je balbutiai quelques
excuses et rentrai chez moi, où je me
retrouvai avec ma solitude, mon néant,
mes tristes souvenirs, et, à dix lieues
de distance, cette victime de la mort
que je brûlais du désir de revoir et d'embrasser.

III

Le jour ne vint que pour me montrer mieux encore l'étendue, l'immensité de mon malheur. Malgré mon plus grand désir de courir auprès des restes de ma mère, je ne pus partir par le train du matin : je n'avais pas de vêtements de deuil ; étant seul, il fallait, même dans un pareil moment, m'occuper de choses matérielles et de semblables détails. Lié aussi par mon service, je dus demander un congé qui me fut accordé avec la plus grande bienveillance.

Après avoir fait prévenir mes parents et les amies de notre chère morte, je me rendis à la gare pour le train de 1 h. 45. J'y rencontrai la famille M..., venant de Moncey, où j'avais été reçu le dimanche précédent. Connaissant la maladie de ma mère, me voyant les larmes aux yeux, la figure toute décomposée, ces personnes devinèrent le malheur qui m'était arrivé, m'exprimèrent toute la part qu'elles prenaient à ma douleur, puis nous nous séparâmes.

Le chemin de fer ne me conduisant pas directement à Arc, je m'arrêtai chez un de mes parents qui s'offrit lui-même pour m'accompagner. J'acceptai avec d'autant plus d'empressement que je me croyais incapable de faire seul ce trajet.

Nous arrivâmes à la gare de Salins à 10 h. 10 du soir. De là nous avions encore plus de trois lieues de chemin à faire à pied. Ceux qui connaissent cette route savent combien elle est pénible. Je ne sais comment je la parcourus. Je n'avais pris ni repos, ni nourriture depuis la veille ; je pleurais et sanglotais depuis plus de vingt-quatre heures ; malgré cela, même sur un chemin comme le « *Vieux Mont,* » mes jambes étaient semblables à des ressorts tendus à l'excès : je ne marchais pas, je courais presque continuellement. Mon compagnon de route, quoique excellent marcheur, m'a dit, plus tard, qu'il avait eu toutes les peines du monde à me suivre.

IV

Le matin, ma mère s'était levée à son heure habituelle, avait déjeuné comme de coutume, se sentant seulement un peu plus oppressée que la veille. Vers 10 heures, elle se coucha, se trouvant plus mal. Ma sœur voulait m'écrire, mais elle s'y opposa : sa tendresse pour moi la poussant, même au dernier moment, à me dissimuler son mal, crainte de m'en faire à moi-même. C'était bien là un trait caractéristique chez elle qui ne devait finir qu'avec sa vie. Elle sommeillait constamment sans que rien pourtant ne pût faire prévoir une fin si proche. La respiration devenant plus difficile la forçait à s'éveiller sans pour cela lui arracher une plainte. Ma sœur et une garde-malade s'en apercevant envoyèrent chercher le prêtre qui n'arriva que pour lui administrer l'extrême-onction.

Avait-elle besoin de prières cette sainte martyre qui, dans sa vie toute de dévouement, de privations, de douleurs et de sacrifices, n'avait été vraiment heureuse qu'autant qu'elle avait pu obliger quelqu'un; qui se serait dépouillée de tout ce qu'elle possédait à la vue d'un malheureux, et qui n'avait jamais eu même la pensée d'une vengeance ni de la moindre mauvaise action ?

Elle ne connut ni les tortures de l'agonie, ni les affres de la mort, qui sembla être venue doucement prendre sa belle âme pour la retirer d'une vie de souffrances et la porter dans une éternité de bonheur. Ses beaux grands yeux bruns se fermant lentement à la lumière pour ne s'ouvrir que dans un monde meilleur ne lui permettaient plus de distinguer autour d'elle, elle appela ma sœur qui déjà l'embrassait pour la dernière fois, sembla promener un regard sur ce qui l'entourait comme si elle eut cherché quelqu'un d'absent, peut-être, probablement mon frère et moi; puis enfin poussa un soupir un peu plus fort que les autres : ce fut son dernier adieu !... Sa grande àme monta vers les cieux, portée sur les ailes de ces anges envers lesquels elle avait toujours eu une dévotion particulière. Sa tète retomba sur sa poitrine... tout était fini !...

Si rien ne peut **se** consoler de la perte d'une mère, il est pourtant un soulagement bien grand, une satisfaction bien douce pour une pareille douleur : ce sont ceux d'avoir son dernier baiser, d'assister à ses derniers moments, de recevoir son dernier soupir. Comme je l'ai dit, ma sœur a eu sur ses frères cet immense avantage : c'est un bonheur que je lui envierai toute sa vie et dont la privation sera un regret qui empoisonnera à jamais la mienne.

Vingt-trois ans auparavant, au cours d'une longue maladie qui, déjà, faillit l'emporter, ma mère avait dicté ses dernières volontés à une de ses vieilles amies qui ne nous les laissa jamais oublier. Aussi ont-elles toujours été pour nous quelque chose de sacré.

Comme elle l'avait désiré, elle fut

revètue de ses plus beaux habits, étendue
sur son lit, la tète découverte, avec quatre
cierges brûlant à ses côtés. Elle resta dans
cette position jusqu'au surlendemain matin, quelques heures à peine avant d'être
portée en terre.

Le bruit de sa mort se répandit bien
vite dans le village et y produisit d'autant plus de surprise qu'on l'avait vue
l'avant-veille encore se promener au
jardin.

Je traduis ici, avec une bien douce satisfaction, non mon opinion individuelle,
mais celle des personnes de la localité
tout entière. Ma mère était aimée, esti-
mée de tout le monde ; elle ne se con-
naissait pas d'ennemis. Durant toute
l'après-midi, la nuit, la journée du len-
demain et la nuit suivante, ce fut dans la
chambre où elle était exposée, comme
une procession de gens venant y prier et
jeter de l'eau bénite sur son corps.

Cette chambre avait été distraite des
logements de la maison, puis laissée à
ma sœur qui l'avait fait arranger elle-

même quand elle était allée l'habiter.
Éclairée par une porte vitrée, prenant
jour au midi, on voyait, à droite, en
entrant, une cheminée ; les murs étaient
tendus d'un papier blanc, couvert de
fleurs ; dans le fond, un lit garni de
rideaux rouges sur lequel reposait celle
qui emportait toutes nos espérances,
tous nos regrets, tout notre bonheur ;
à son cou étaient suspendus : une croix,
des médailles, un scapulaire ; à ses
doigts, un long chapelet, souvenir d'une
religieuse de ses amies ; sur une table,
les cierges ; puis un verre rempli d'eau
bénite, dans laquelle plongeait une bran-
che de rameau.

V

Tandis que l'on avait pris toutes ces
dispositions, je m'acheminais, aussi vite
que possible, vers ce lieu où conver-
geaient toutes mes pensées, tous mes
désirs et tout ce qui me restait d'espoir.

Nous arrivâmes, mon compagnon et

moi, à peu près à une heure du matin. Je n'ai pas besoin de dire avec quelle impatience ma sœur m'attendait : comme moi, elle était plus morte que vivante. Elle savait combien je regretterais de n'avoir pas été prévenu plus tôt, bien qu'il lui eût été impossible de le faire, ne pouvant prévoir elle-même un si prompt et si terrible dénouement.

Pour gagner la chambre dont j'ai parlé, on passait par le jardin qu'on traversait entièrement après y avoir pénétré par une petite porte à claire-voie ouvrant et fermant assez bruyamment à l'aide d'un loquet de fer.

La manière brusque dont je l'ouvris signala mon arrivée et me fit reconnaître avant de m'avoir vu. Les personnes présentes s'écartèrent pour me livrer passage, tandis que, ne voyant aucune d'elles, je me précipitais sur le corps inanimé de ma mère qui, froid comme du marbre, commençait déjà à se décomposer.

Elle me sembla tressaillir sous mon

étreinte, à tel point que je la crus encore
vivante !... J'ai toujours supposé qu'elle,
qui, durant sa vie, avait eu si peur de
me voir souffrir, avait senti, par delà la
Mort, ce baiser que je donnais à son
cadavre, et dans lequel se concentrait la
dernière limite de la peine, de la souf-
france, de la douleur... Je m'évanouis,
on m'emporta...

Lorsque je revins à moi, je me vis cou-
ché chez un de mes parents, et entouré
d'amis parmi lesquels je reconnus le
maire de la commune, nommé notre
subrogé-tuteur à la mort de mon père.
Les concessions de places de cimetière à
perpétuité n'existant pas, je lui deman-
dai, à titre de faveur, de vouloir bien
déroger à l'usage habituel, en m'autori-
sant à faire enterrer ma mère près de
mon père : ce à quoi il consentit bien
volontiers. Je me levai afin d'assister à
la mise en bière, puis d'embrasser encore une fois celle qui allait disparaître
pour nous à tout jamais. La terrible
besogne était terminée ; on avait voulu,

m'a-t-on dit, m'éviter cette cruelle émotion.

Je pourrais ici ouvrir une parenthèse pour placer un incident qui montrerait jusqu'où peuvent aller l'égoïsme, la cupidité de certaines personnes.

Si une indélicatesse est toujours pénible à constater, elle acquiert, elle revêt, quand elle vient d'une parente, qu'elle se commet sur un cadavre, un caractère d'horreur, de dégoût si odieux, si révoltant, qu'elle ne peut même plus être mentionnée. Celle dont je veux parler m'a été racontée par ma sœur qui la tenait d'une garde-malade présente lorsqu'elle a été commise; sa véracité ne peut donc être mise en doute. *(Des ornements recouvrant ma mère ont été enlevés, avant la fermeture de la bière, afin de « n'être pas perdus. »)*... Je signale simplement le fait sans m'y arrêter davantage, la haine ne devant pas trouver place dans ces quelques pages toutes de pieux et tendres souvenirs. De plus, cette personne, elle aussi, est morte : paix à sa cendre !...

Je crois obéir à la voix de ma mère me
disant, de là haut, de pardonner comme
elle eût pardonné elle-même, si elle était
encore de ce monde.

Vers neuf heures du matin, je pris la
tête du triste cortège, conduisant moi-
même le deuil, ainsi que je l'avais fait,
six ans auparavant, lors de la mort de
mon père.

A cette époque, au moins, à une telle
perte, à un pareil malheur, il me restait
une mère, le plus grand des biens, la
meilleure des consolations : aujourd'hui,
je n'avais plus que son souvenir.

A la suite d'une grand'messe célébrée
par ce bon et véritable prêtre dont nous
avions pu apprécier tant de fois la solli-
citude, on se dirigea vers le cimetière. Je
verrai toute ma vie ce trou béant, creusé
dans cette terre jaunâtre ; j'ai aussi toujours dans les oreilles, même à sept
années de distance, ce bruit caverneux
produit par le cercueil d'une mère arrivant au fond d'une fosse, ainsi que celui
des premières pelletées de terre tombant

sur ce bois et qui sont comme autant
de coups de lance vous traversant le
cœur.

Nos parents, nos amis, venus pour
l'enterrement, s'en retournèrent. Nous
restâmes seuls, ma sœur et moi, nous
regardant sans pouvoir nous adresser la
parole. Ce moment d'isolement, succé-
dant tout à coup à l'affolement, au mou-
vement que cause la Mort, est un des
plus pénibles, des plus durs, des plus
cruels qu'on puisse imaginer.

VI

L'absence de mon frère mineur, le peu
de durée de mon congé me forçaient à
m'occuper de choses d'intérêt. Un nouveau conseil de famille fut composé ; un
nouveau tuteur remplaça ma mère nom-
mée jadis mère tutrice. Tant pour défé-
rer aux désirs qui me furent manifestés
que pour éviter des frais onéreux que
nous n'étions guère à même de suppor-
ter, je remplis moi-même l'office de

notaire. Les comptes de famille furent
réglés d'un commun accord, un simple
acte sous seing-privé, rédigé à l'amiable,
en triple expédition, attribua, à la suite
d'un tirage au sort des trois lots, à cha-
cun ce qui lui revenait. Que pouvions-
nous risquer, hélas ! qu'avions-nous à
regretter après celle que nous venions
de perdre, que nous regrettions par-
dessus tout, et que nous pleurerons toujours !...

Ma permission expirée, je rentrai à
Besançon. Si quelque chose avait pu
apporter un soulagement à ma douleur,
c'eût été les nombreux témoignages de
condoléance que je reçus de toutes parts.
J'en adresse ici, quoique tardivement,
mes remerciements bien sincères à ceux
de mes amis auxquels j'aurais pu, par
mégarde, oublier de le faire à cette époque.

Mon frère, soldat en Algérie, n'apprit
que plusieurs jours après l'affreux malheur qui nous accablait. Il faut croire
qu'il sentit aussi vivement ce coup ter-

rible : lui, auparavant, si indomptable, si
hautain, si indifférent, il est devenu depuis le plus doux, le plus aimant, le plus
prévenant des hommes. Il se reposait en
tout et pour tout sur ma mère, comme
sur le meilleur des points d'appui, que
l'on croit d'autant plus solide qu'il n'a
pas de remplaçant possible, puis elle lui
manquait tout à coup sans que sa jeunesse inexpérimentée lui eût laissé venir
à la pensée l'idée d'une pareille catastrophe.

Deux ans après, venant passer un congé
de convalescence dans notre village en
y arrivant aussi à 1 heure du matin, sa
première visite, même au milieu de la
nuit, fut pour le cimetière, où il allait
vainement demander à une tombe une
de ces prévenances, une de ces caresses, une de ces tendresses qui nous
avaient été prodiguées si largement, si
généreusement, mais dont on ne connaît la valeur réelle que lorsqu'on en est
privé. Il cherchait aussi inutilement un
asile pouvant lui tenir lieu de ces bras

autrefois toujours ouverts. Quoique ne doutant pas du tout de l'affection de ma sœur, il la savait mariée, mais ne connaissant pas mon beau-frère, il se demandait comment il serait accueilli, et ce que serait sa réception auprès de celle qu'il avait peut-être rêvée en partant.

C'eût été un bien émouvant tableau de voir, à 2 heures de la nuit, un soldat bronzé par le soleil d'Afrique, qui, à 17 ans, avait suivi, comme engagé volontaire, les de Chartres, les de Galliffet, dans leurs exploits périlleux au fond du désert, pour réprimer la grande insurrection de 1872, pleurer comme un enfant, sur un cimetière de campagne, devant la modeste tombe de sa mère. Des sceptiques n'auraient pas reconnu là un zouave, tandis que je crois au contraire les y retrouver tout entiers, tels qu'il me semble qu'un Fils de la Maison de France a dû les avoir dans l'idée en les créant : braves et intrépides, croyants et aimants ; tels aussi que les Bugeaud, les Bosquet, les Lamoricière,

les Canrobert, ont dû vouloir les perpé-
tuer en les formant.

VII

Au printemps de l'année 1873, la
Nature, par ce bizarre contraste, qui lui
fait jeter avec profusion la vie sur les
débris de la Mort, sembla se charger
d'orner, elle-même, avec une singulière
et gracieuse coquetterie, ce tombeau que
nous nous ingéniions à vouloir parer.

Un beau tapis vert émaillé de paque-
rettes, de marguerites, de thym, le re-
couvrit ; on eût dit que ces charmantes
petites fleurs s'y trouvaient mieux qu'ail-
leurs, tant leurs couleurs étaient fraîches,
leur éclat brillant.

J'achetai moi-même une croix de fonte,
la plus belle que je pus trouver ; je la fis
peindre, dorer, le mieux possible ; j'y
fixai une inscription qui témoigne de nos
regrets, moins que de leur étendue et de
leur sincérité ; puis je la fis conduire au
cimetière où elle est placée sur un socle

de roche polie, au milieu d'un petit jardin entouré d'une bordure de buis.

Dans le courant de l'été de la même année, je retournai deux fois à Arc, plus pour laisser couler mes larmes et épancher mon ennui que pour les motifs que je prétextais afin d'obtenir des permissions; puis je quittai définitivement ce pays, espérant, non pas oublier, car il y a des douleurs que l'on aime jusque dans leurs excès, mais seulement un peu moins souffrir. Hélas! comme je me trompais!... L'absence d'une mère est, dans les luttes de la vie, ce qu'est un mirage montrant de l'eau au voyageur altéré qui marche dans un désert : plus on avance, plus le besoin s'en fait sentir.

Que sont auprès de celle-là les autres affections, même celles que l'on croit les plus vraies, les plus vives, les plus fortes, les plus sincères, si ce n'est des susceptibilités qu'un signe épouvante, qu'une démarche effraye, qu'une parole blesse, qu'un regard irrite ; des verres fragiles que le moindre choc brise; de la fumée que le plus léger vent dissipe; des feux qu'un simple souffle éteint?

Aujourd'hui cette tombe est laissée aux bons soins de ma sœur qui, au suprême avantage qu'elle a eu sur nous, peut ajouter celui de la garder, de la soigner, de l'orner comme je voudrais tant pouvoir la parer moi-même tous les jours.

Si, dans cette vie de larmes, de souffrances, elle a des peines, des tristesses, des chagrins, des ennuis, elle est aussi, ce me semble, bien plus rapprochée que nous pour aller les déverser dans ce cœur qui savait si bien aimer, consoler, encourager.

S'il me reste encore quelques années de vie et de santé, j'y ferai autre chose que ce qui existe, étant assuré à l'avance du concours de ma sœur et de mon frère, sitôt qu'ils connaitront mes projets.

Enfin, lorsque se terminera ma triste et monotone existence, je désire : que mon corps repose là-bas, au pied de cette tombe chérie, où dort celle que j'ai bien aimée, mais qui elle-même m'a plus aimée encore, à l'ombre de ces beaux sapins que nous avons vus croître et se balancer au bruit de nos rires, de nos jeux enfantins ; quoi qu'il puisse m'advenir, qu'il y aille sans faste et sans bruit comme y est allé celui de ma pauvre mère ; qu'un même caveau nous rassemble tous après la mort, comme une même affection nous aura unis pendant la vie !

J. C. Alfred Prost.

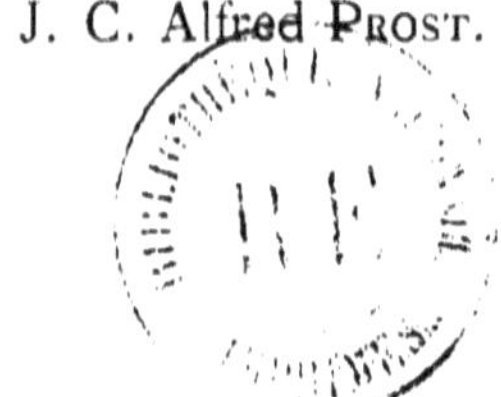

www.ingramcontent.com/pod-product-compliance
Lightning Source LLC
LaVergne TN
LVHW021758060726
842528LV00003B/1012